プロが教える
小学生のゴルフ
レベルアップのコツ

世界ジュニアゴルフ選手権
日本代表監督
井上 透 著

JN256501

メイツ出版

ゴルフ上達はお手本を「完コピ」するのが近道！

ジュニアゴルファーのみなさん、こんにちは。
ゴルフプロコーチの井上透（いのうえとおる）です。
みなさんは、どうしたらゴルフがうまくなれると思（おも）いますか？
「たくさん球（たま）を打（う）つ」という答（こた）えは、間違（まちが）い。
ゴルフの場合（ばあい）、球を打ってばかりいると「球に当（あ）てる」ことに一生懸命（いっしょうけんめい）になりすぎて、
スイングを崩（くず）してしまうこともあるのです。
ゴルフで何（なに）より大事（だいじ）なのは「キレイなスイングを身（み）につける」こと。
そのためにはお手本をよく見（み）てまねをするのが近道（ちかみち）。
この本では「お手本になるスイング」、そして、お手本のスイングを
「完（かん）コピ（完全（かんぜん）にコピー）するためのポイント」を紹介（しょうかい）しています。
鏡（かがみ）を見（み）たり、スイングをビデオでとってもらったりして、
お手本のスイングに近（ちか）づけているか、確認（かくにん）しながら練習（れんしゅう）してください。

もしみなさんが将来（しょうらい）、プロゴルファーになりたいと思っているなら、
ゴルフだけではなく、陸上（りくじょう）やサッカー、野球（やきゅう）など、
いろいろなスポーツにチャレンジしてみるのもオススメ。
ほかのスポーツで鍛（きた）えた筋肉（きんにく）やバランス感覚（かんかく）が、
ゴルフの役（やく）に立（た）ってくれるはずです。

これからゴルフを始（はじ）める人（ひと）も
もっとうまくなりたい人も、
楽（たの）しみながらゴルフに取（と）り組（く）んでいきましょう！

小学生のゴルフ プロが教える レベルアップのコツ

目次　CONTENTS

序章　今さら聞けない!?　ゴルフの？を大解決

第1章 クラブの握り方＆構え方

第4章　パッティング

本書の特徴

各テーマを見開きごとにわかりやすく
説明しています。写真を参考にしながら、
何度もくり返して読んでください。

レベルアップアドバイス
さらに上手になるためのコツ、効果
的な練習方法などを紹介しています。

特に注意してほしいポイントを説明して
います。練習するときは、このポイント
を思い出しながらプレーしてください。

ここを
チェック!!

練習するときに注意する点を
まとめてあります。チェック
しながら練習してください。

今さら
聞けない!?

ゴルフの？を大解決

ゴルフの歴史や基本、プロになる方法などを紹介。これから始める人も経験者も、知るほどにおもしろさが深まること間違いなし！

Q1 本当はゴルフって何がおもしろいの?

スポーツの中で一番遠くにボールを飛ばせるのがゴルフ!

ホームランでボールが飛ぶ距離は、大谷翔平選手などの一流選手で160メートルぐらいといわれている。プロゴルファーの場合、男子プロの中にはドライバーショットを300ヤード（約274メートル）以上飛ばす人も。スカッとそうかいにボールを飛ばせるのが、ゴルフのおもしろさだ!

Q2 ゴルフはいつだれが始めたの?

スコットランドの羊かいという説が有力

はっきりしたゴルフの起源はわかっていない。オランダ、中国、イタリアなどさまざまな説がいわれていて、「スコットランドの羊かいが、つえで石を転がした」というのも説の一つ。「1452年にボールが売られていた」「1457年にゴルフ禁止令が出た」という記録が、スコットランドに残っている。

Q3 ゴルフがだれとでも楽しめるのはどうして？

距離やスコアにハンディキャップをつけられるから

　ゴルフは男女や年齢の異なる相手とも楽しめるスポーツ。それはティーグランドの場所を変えることでカップまでの距離を変えたり、実力に応じてスコアにハンディキャップをつけることができるから。上級者と初心者が対等に勝負できるのも、ゴルフの魅力だ。

思いっきり
ボールを飛ばすの
気持ちいいよ!

Q4 ゴルフには審判員がいないって本当？

ゴルフの審判は自分自身!

　野球やサッカーには審判員がいるが、ゴルフにはいない。ゴルフにはルールがなくて審判がいないわけではなく、審判員は自分自身がつとめる。正直に、誠実にプレーすることが大事だから、ゴルフは「紳士・淑女のスポーツ」といわれている。ルールをしっかり覚えることも必要だ。

ルールを間違えないよう、プレーの最中にルールブックを見てもOK！

ひと目でわかる
ゴルフ
ルール

ティーグランドからカップまでの間に池やバンカーなど さまざまなハザード(障害物)が配置されている

ティーグランドからカップまでボールを運ぶゴルフゲーム。ホールによって距離や地形が異なり、各ホールには「フェアウェイ」や「ラフ」「バンカー」「池」などさまざまなものが配置されている。どうすれば少ない打数でカップにボールを入れられるか戦略を立てて、狙った場所にボールを運んでいくのもゴルフのおもしろさだ。

スルーザグリーン

ティーグランドからグリーンまでの、バンカーや池などのハザードをのぞいた場所。主にフェアウェイとラフのこと

OB(アウト・オブ・バウンズ)

プレーができるエリアよりも外側のこと。境界は白杭や白線で示されていて、それより外にボールが出てしまったら1打罰を加えて打ち直す

ティーマーク

ティーグランドの中でボールを打つための目印。レギュラーティー、バックティーなど種類があり、色分けされている

ティーグランド

そのホールでティーショット(第1打)を打つ場所。平らに整備されている

フェアウェイ

ティーグランドからグリーンまでの、芝が短くかりこまれているエリア。ボールを打ちやすい

池・川（ウォーターハザード）
黄杭や赤杭で仕切られたエリア。
池や川があることが多いが、水
のない場合もある

バンカー（ガードバンカー）
芝が取りのぞかれて砂が入
れられたエリア。くぼみになっ
ていることが多い

クリーク
コース内に流れている
小川のこと

フェアウェイバンカー
フェアウェイにある砂のエリア

グリーン
ホールを囲んでいる、特別に
芝が短くかりこまれたエリア

ピン
ホールの位置を示している旗

カップ
ボールを入れる穴。
ホールとも呼ぶ

ラフ
フェアウェイの両側などにある、
芝が伸びているエリア

修理地
青杭で区切られた、修理などをしているエリア。
そのまま打つか無打罰で動かすことができるが、
そのまま打つことを禁じているゴルフ場もある

Q6 なぜ服装の決まりがあるの？

みんなが気分よくプレーするため

チームなどに入っていなければ、規定のユニフォームはない。ただし、ゴルフは「いっしょにいる人をイヤな気分にさせない」を大事にするスポーツ。ランニングシャツやジーンズ、ジャージなどはNG。えりつきポロシャツでピシッとキメよう。

Q7 どうして1ラウンドは18ホールなの？

1ラウンドのホール数としてちょうどよかったから

昔はゴルフ場によってホール数はまちまちだった。しかしスコットランドにある「セントアンドリュース」というゴルフ場が18ホールになり、ほかのゴルフ場もそれにならったのが18ホールになった理由といわれている。「寒さをしのぐために、お酒を飲みながらプレーしていたら18ホールでなくなった」という説も。

Q8 パーってどういう意味だっけ？

カップに入れるまでの規定打数

11ページで紹介したように、ホールによってティーグランドからカップまでの距離は違う。距離に応じて「この打数でカップまで入れるのが基準」と決められている「規定打数」を「パー」という。パーよりも打数が多いか少ないかで、スコアの呼び方も変わってくる。

	1打	2打	3打	4打	5打	6打	7打
パー3	ホールインワン	バーディ	パー	ボギー	ダブルボギー	トリプルボギー	+4
パー4	アルバトロス	イーグル	バーディ	パー	ボギー	ダブルボギー	トリプルボギー
パー5	コンドル	アルバトロス	イーグル	バーディ	パー	ボギー	ダブルボギー

Q9 どうして距離の単位は「ヤード」なの?

ゴルフ発祥の地スコットランド（イギリス）がヤード表示だから

　イギリスや、ゴルフ場が世界一多いアメリカがヤード表示をしているため、日本もそれにならっている。1ヤードは0.9144メートルなので100ヤードは91.44メートル。アメリカやイギリスはグリーン上で「フィート」を使うが日本ではなじみがないため、グリーン上だけは「メートル」を使っている。

Q10 ゴルフのルールで大事なことは?

いっしょにプレーする人が楽しいと思えること

　ゴルフのルールブック第1章は「エチケット」。「自分自身が審判員だから、正直にプレーすること」「まわりの人にボールやクラブが当たらないよう気をつけること」「ほかの人のプレーを邪魔しないこと」などが書かれている。「自分だけがよくてもダメ。みんなでゴルフを楽しもう」というのが、ゴルフの基本精神だ。

Q11 どんな天気でもやるの?

雷と大雪以外はプレーするのが基本

　ゴルフは自然の中で楽しむスポーツ。よほどの大雨でない限り、競技が中止されることはない。ただし、雷が落ちると危ないので雷雲が近づいたらプレーは中断する。ゴルフ発祥の地といわれるスコットランドは強い風が吹くのが特徴。風の向きや強さにゲームが左右されるのも、おもしろさのひとつだ。

Q12 プロゴルファーって どうやったらなれるの？

プロになるには いろいろな方法が あるんだ

野球やサッカーは、チームと契約した時点でプロになれる。ゴルフの場合チーム同士で戦うリーグ戦などはないため、「チームと契約」という方法ではプロになれない。プロゴルファーを管理している団体にプロゴルファーとして認めてもらうのが、プロになる道だ。

スタート

プロのツアートーナメントで優勝する

いきなり プロになれる

「ツアートーナメント」というプロゴルファーの試合に、アマチュアでも推薦を受けられれば出場できる。ここで優勝するといきなりプロになることも可能。石川遼選手や松山英樹選手、宮里藍選手などスターが、アマチュア時代にトーナメントで優勝しプロゴルファーになった。

プロテストを受ける

誰でもツアートーナメントの推薦がもらえるわけではない。プロを目指す多くの人は、プロテストに挑戦してプロを目指す。プロテストは何年もチャレンジしている人もいれば、海外からの受験者もいる。

プロになれる

プロテストに合格

約1年間かけて、（男子の場合はプレ予選→）一次予選→二次予選→最終プロテストに合格した人が、晴れてプロゴルファーとして認められる。

Q13 日本にゴルファーは何人ぐらいいるの?

約550万人。プロゴルファーは約6000人

　ゴルフを楽しんでいる人は、日本中で約550万人。プロとして登録されている会員は約6000人いる。世界に目を向けてみれば、5000〜6000万人といわれている。世界中に大勢のゴルフ友達をつくることもできる!

Q14 プロゴルファーっていくらぐらい稼げるの?

タイガー・ウッズは約1908億円!

　プロゴルファーの収入は、賞金以外にもスポンサー契約や、CM契約なども結ばれる。タイガー・ウッズ選手の生涯収入は17億ドル(約1908億円)といわれていて、これは、歴代スポーツ選手の中でバスケットのマイケル・ジョーダン選手に次いで第2位だ。

プロの試合に出るにはQT(キューティー)に挑戦する

　テレビで放送されているようなプロの試合に出るには、出場資格をゲットしなくてはいけない。そのためにはクォリファイングトーナメント(QT)で上位に入ることが条件。ツアープレーヤーになるまでは大変な道のりだが、それだけチャレンジしがいがある!

Q15 賞金っていくらもらえるの?

世界の賞金王は約11億円、日本の賞金王は約1億8000万円

　2016〜2017年でアメリカツアーの賞金王になったジャスティン・トーマス選手が獲得した賞金額は約11億円。賞金ランキング4位の松山英樹選手は約9億4000万円。2017年に日本ツアーの賞金王になった宮里優作選手は、約1億8000万円獲得している。

　ちなみに1試合の優勝賞金額は、試合によって違うが、約2000万円〜4000万円ほどだ。

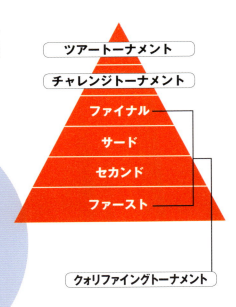

ツアートーナメント

チャレンジトーナメント

ファイナル

サード

セカンド

ファースト

クォリファイングトーナメント

※上記以外にもプロゴルファーになる方法はありますが、代表的な例を紹介しています。

Q16 たくさんのクラブを使うのは どうして？

**打ちたい距離や
地面（ボール）の状態によって
ピッタリのクラブが違うから**

ゴルフコースでは長い距離を打ちたいときもあれば、カップのすぐ近くから寄せたいときもある。どんなショットを打つかによって、ピッタリのクラブは変わってくる。クラブは大きく、「ウッド」「ユーティリティー」「アイアン」「パター」の４種類に分けることができる。

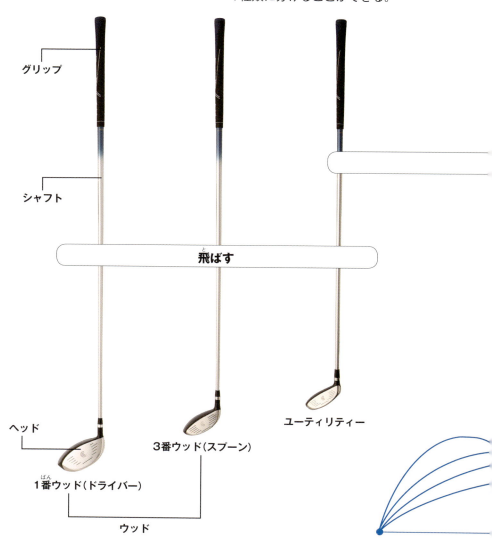

グリップ

シャフト

飛ばす

ヘッド

ユーティリティー

3番ウッド（スプーン）

1番ウッド（ドライバー）

ウッド

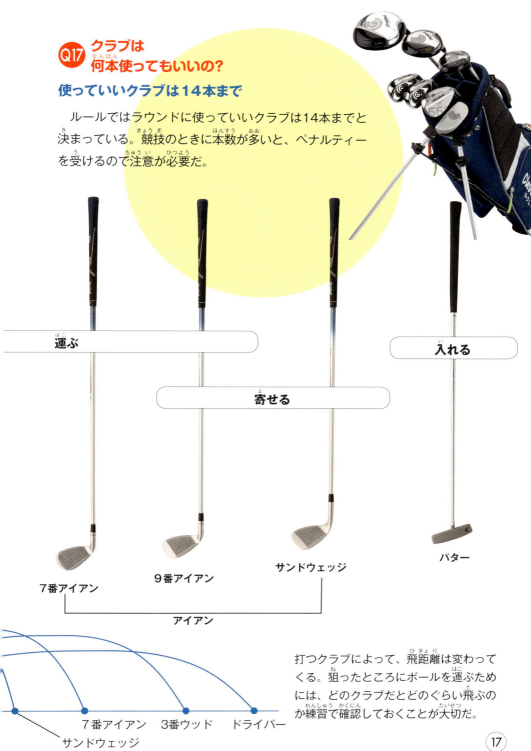

Q17 クラブは何本使ってもいいの？

使っていいクラブは14本まで

ルールではラウンドに使っていいクラブは14本までと決まっている。競技のときに本数が多いと、ペナルティーを受けるので注意が必要だ。

運ぶ

入れる

寄せる

7番アイアン

9番アイアン

サンドウェッジ

パター

アイアン

サンドウェッジ　7番アイアン　3番ウッド　ドライバー

打つクラブによって、飛距離は変わってくる。狙ったところにボールを運ぶためには、どのクラブだとどのぐらい飛ぶのか練習で確認しておくことが大切だ。

**スイングの名称
ちゃんと言える?**

ゴルフスイングの動きの呼び方

ゴルフボールを打つ動きを「ゴルフスイング」と呼ぶ。スイングは止まることなく流れるように動いていくが、動きの各部分に名前がついている。正しいゴルフスイングを身につけるためにも、覚えておこう。

アドレス
ボールを打つためにクラブを
持って構える姿勢

バックスイング
クラブを振り上げていく動作

トップオブスイング
クラブを振り上げてから
振り下ろす間の一瞬

ダウンスイング
クラブを振り下ろしてくる
動作

フォロースルー
インパクトの後、クラブを
振り抜いていく動作

フィニッシュ
スイングの終点

インパクト
クラブヘッドとボールが
当たる瞬間

打つ人より前に出ては絶対にダメ!

クラブやボールに当たると危険

ゴルフクラブや飛んできたボールが直撃すれば、大きな事故にもなる。そうした事故を防ぐには、クラブを振るときにまわりに人がいないか必ず確認すること、そして打つ人よりも前に出ないことが鉄則だ。

ゴルフは「遠方先打」といって、カップに遠い人から順に打っていく。自分のボールの行方だけでなく、一緒にまわっている人のボールがどこに飛んだのか、次に誰が打つかなど、確かめながらゲームを進めよう。

打つ人よりも前に出てはダメ。必ず後ろに立つこと。

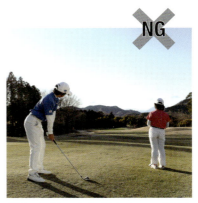

前に人がいたら打たない。「打ちますよ」と声をかけ、危険のない場所に移動してもらおう。

第 1 章

クラブの握り方 &構え方

思い通りの方向に飛ばすには、正しいグリップとアドレスが重要だ。
ここがおろそかになっていないか、しっかりと見直してみよう。

「正しい握り方・構え方」ができれば、ナイスショットの8割は達成している

どんな風にクラブを握るか、足をどのぐらい開くか、ボールをどこに置くかなど、打つ前の準備がショットの成否を左右する。

アドレスの手順
32～33ページ

クラブによる構え方の違い
36～39ページ

グリップの握り方
24～29ページ

ツマ先の開き具合
41ページ

ボール位置とスタンス幅
36～37ページ

プロも念入りに
チェックしている

「思い通りにボールを飛ばすには打ち方が大事」と思いがちだが、大きな間違い。打つ前に、ショットが成功するかどうかの8割は決まっている。

ポイントは、クラブを正しく握り、バランスよく構えること。プロゴルファーも、調子が悪くなると「正しく握れているか」「構えに間違いはないか」を再確認するほど、アドレスとグリップは大切だ。

プレショットルーティン
42〜43ページ

アドレスの前傾角度
34〜35ページ

手首の角度
30〜31ページ

アドレスの方向
40〜41ページ

利き手の使いすぎを防げるオーバーラッピンググリップで握る

クラブの握り方は、大きく分けて3種類ある。多くのプロゴルファーが取り入れている「オーバーラッピンググリップ」がおすすめだ。

ポイント 右手の小指を左手に重ねる

右手の小指を左手の人さし指と中指の間に重ねて握る。

3種類のグリップそれぞれ いいところがある

　テンフィンガーグリップは手が小さい人にとって握りやすい、インターロッキンググリップは両手の一体感を感じやすいなど、3種類のグリップそれぞれいいところがある。おすすめは右手の小指を左手に重ねるオーバーラッピンググリップ。利き手の使いすぎを防げるのが、このグリップのいいところだ。

レベルアップ アドバイス

　ゴルフをはじめたときは「テンフィンガーグリップ」で握り、とちゅうから「オーバーラッピング」に変える人もいます。これからゴルフを始めるのなら、最初から「オーバーラッピンググリップ」で覚えるといいでしょう。

握り方のバリエーション

インターロッキンググリップ

左手の人さし指と右手の小指をからませて握る。両手の一体感を感じられやすい。

テンフィンガーグリップ

「ベースボールグリップ」ともいう。どの指も重ねたりからませることなく、10本の指全部で握る。

グリップを握る前に 腕の力を抜いて ダラリとたらす

ゴルフクラブを握るうえで一番大切なのは、体の力を抜いた「自然体」で握ること。そのためにはクラブを握る前の姿勢が肝心だ。

ポイント 手のひらが内側30度を向く

30度　30度

① 力を抜いて 腕をダラリとたらす

軽く頭を倒して腕の力を抜き、腕をブラブラさせる。すると手のひらは自然と内側30度を向く。

② 左手を握る

①の手の形のまま左手を握る。親指は正面に。

③ 右手を重ねる

①の手の形のまま右手も握る。右手小指を左手人さし指に重ね、右手親指は正面に置くこと。

力を抜き腕をダラリとすると 手首が内側に回転する

グリップを握るときに腕によけいな力が入っていると、正しい手の形で握ることができない。力を抜いて、腕をダラリとたらそう。手首が自然と内側に30度ほど回転するので、この手の形のままグリップを握る。正しく握れているかは、親指と人さし指のつけ根にできるＹ字が、どこを向いているかでチェックしよう。

握り方の確認

親指つけ根の Ｙ字の向きを確認 正しく握れていれば、左手親指つけ根のＹ字が右肩と首筋の間を、右手親指つけ根のＹ字が首筋の右側を指す。

ここをチェック!!

クラブは手のひらを斜めにわたる

左手の手のひらの中を、クラブが斜めにわたっているのが正しい握り方。これなら中指や薬指でクラブを操作する悪いクセを、防ぐことができる。

胸の前でクラブを回せる程度にユルッと握ろう

クラブを力強く握りすぎてしまうと、腕の動きが悪くなってスイングがぎこちなくなってしまう。ちょうどいい力加減を覚えよう。

さまざまな力加減でクラブを回してみる

ジュニアは力が弱いため、必要以上に力強くグリップを握ってしまいがちだ。しかし強く握りすぎると、腕にも余計な力が入ってスイングの動きがぎこちなくなってしまう。

ちょうどいい力加減は、クラブを胸の前でクルリと回せるぐらい。ドライバーをグリップして、胸の前で回してみよう。どのぐらいの強さで握ればスムーズに回すことができるのか、力加減を変えて試してみよう。

ここをチェック!! シャフトラインとフェース面は常に同じ角度

グリップを正しく握れていれば、胸の前でクラブを回したとき、シャフトが倒れている角度とフェース面の角度が常にそろっている。確認してみよう。

ポイント
グリップは左右
同じ力加減で握る

左右の手、どちらか片方の握りが強いと、スムーズに円をえがくことができない。同じ力加減で握ること。

釣りざおを振るイメージで
腕とクラブの角度を
120度にキープしよう

クラブを構えるときに大事なのが、腕とクラブがつくる角度を120度にすることだ。釣りざおを振るイメージで、手首の角度をつくろう。

クラブと腕の角度を 120度にする

　クラブを構えるとき最初にするのは、腕とクラブの角度が120度になるよう手首の角度を決めること。腕とクラブが直角ならクラブを立てすぎで、クラブと腕が一直線ならクラブが寝すぎている。釣りざおをビュンッと振って釣り糸を遠くに放り投げるイメージで、クラブをグリップしたまま振り下ろしてみよう。

レベルアップ アドバイス

　なぜ120度にするかというと、120度が一番腕を動かしやすく、なおかつ腕の力をクラブに伝えていける角度だから。120度、90度、180度の角度でそれぞれ、腕を左右に振る動きを比べてほしい。120度が一番動かしやすいと感じるはずだ。

ポイント オーバーラッピングで握ったままクラブを振り下ろす

釣りざおを振るようなイメージでクラブを振り下ろすと、ちょうど腕とクラブの角度が120度になったあたりで止まる

120度

手首の角度120度のまま背筋を伸ばして上半身を倒しクラブを下ろす

グリップを握り手首の角度を120度にできたら、ボールに向かって構えよう。背筋を伸ばしたまま上半身を倒し、足を広げていく。

❶ 軽くヒジを曲げて胸の前でクラブを持つ

オーバーラッピングで握り、クラブと腕の角度は120度に保っておく。

❷ 上半身を倒してクラブを下ろす

股関節から上半身を倒す。背筋を丸めずにピンと伸ばしておくこと。

❸ ヒザを軽く曲げる

ヒザは棒立ちだと動かしにくい。軽く曲げておく。

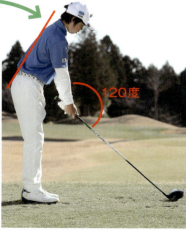

120度

背筋をピンと伸ばして
上半身を前傾させる

オーバーラッピンググリップで握り、クラブと手首の角度を120度に。ヒジを軽く曲げ、胸の前でクラブを立てる。そのまま上半身を前傾させ、クラブを下ろす。背筋は丸めず伸ばしておくことが大事。ドライバーの場合、ボール位置が左足のカカト内側の延長線上になるよう位置を調整、右足を広げたらアドレスの完成。

ここをチェック!!

アドレスの手順は何通りもある!

今回紹介したやり方以外にも、アドレスの姿勢をつくる手順はたくさんある。慣れてきたら自分のやりやすいやり方に変えても構わないが、どんな手順でも、「クラブと腕がつくる角度は120度」「背筋を伸ばしたまま前傾」などの基本は共通だ。

4 ボール位置をセットする

クラブに合ったボール位置になるよう、立ち位置を調整する（36ページ参照）。

4 右足を広げる

クラブに合わせた足幅になるよう、右足を広げる（36ページ参照）。

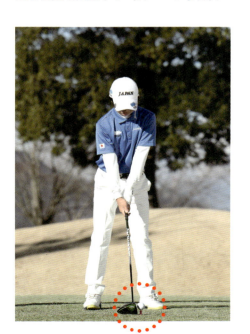

前後から押されても グラつかない アドレス姿勢か確認する

アドレス姿勢のバランスが悪いと、正しいスイングをすることができない。人に押されてもグラつかないアドレス姿勢を目指そう。

ポイント 前後から押されても グラつかない姿勢をとる

バランスのいいアドレス姿勢がとれていれば、押されてもグラつかず、その場で立っていられる。

前から後ろから人に押してもらう

クラブを持たずにアドレスの姿勢をとる。続いて、誰かに前から肩を、続いて後ろから背中を軽く押してもらおう。前から押されて足が動くなら前傾が浅すぎるし、後ろから押されて足が動くなら前傾が深すぎる可能性がある。あるいはヒザが伸びているために、下半身が不安定なのかもしれない。どのぐらい上半身を倒したり、ヒザを曲げたりすれば押されても動かずにいられるのか確認。その姿勢でアドレスしよう。

最適な重心位置

ポイント ジャンプして重心位置を確認しよう

ツマ先やカカトに体重をのせていては、バランスが悪い。土踏まず付近にのせればバランスよく立てる。

バランスよくアドレスするには、足のどこに体重をのせるかも大事。ジャンプして着地したときの重心位置が最適だ。

クラブに合った構えが必要。クラブが長いほどスタンス幅を広げる

ゴルフではさまざまなクラブを使い、クラブの種類によって構え方も変わる。構え方が変わる部分と共通な部分を知っておこう。

ドライバー

ポイント

クラブによって足幅とボール位置が変わる

7番アイアン

スタンスは腰幅より広げる。ボール位置は左足カカト内側の延長線上。

スタンスは腰幅に広げる。ボール位置は左目の下。

最下点でボールを
とらえる構えをつくる

ドライバーからウェッジまで、クラブの長さやショットの目的が違うため、クラブに合わせたアドレスをすることが大切だ。

ドライバーなど長いクラブのときはスタンスを腰幅以上に広げ、ボール位置は左足カカト内側の延長線上にくるようセット。7番アイアンで

あれば、スタンスは腰幅ぐらい。ボール位置は左目の下になる。サンドウェッジなど短いクラブであれば、スタンスは肩幅。ボール位置は鼻の真下が目安となる。

ここをチェック!!

3本のクラブを目安に
ほかのクラブは調整する

この3本以外のクラブに関しては、3本のクラブを参考にして、スタンス幅とボール位置を調整しよう。フェアウェイウッドやユーティリティークラブはドライバーと7番アイアンの中間くらい、9番アイアンやピッチングウェッジは7番アイアンとサンドウェッジの間くらいなどが目安となる。

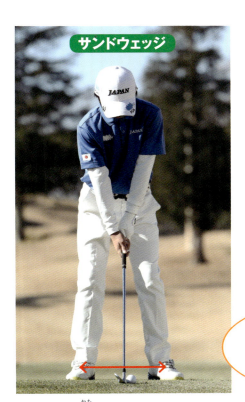

サンドウェッジ

スタンスは肩幅に広げる。ボール位置は鼻の真下。

クラブが長いほどスタンスは広く、ボール位置は左足寄りになる

手首の角度を120度にできていればクラブに合うアドレスが自然とできる

どのクラブで構えるときも、手首の角度を120度にして体を前傾させる点は共通。これができていればクラブに合ったアドレスが完成する。

ドライバー

ポイント
前傾の深さ、腕の角度がクラブによって変わる

120度

前傾は最も浅い。ボールとの距離は遠く、肩よりも手元が肩より前に出る。

7番アイアン

120度

前傾はやや深い。手元は肩の真下に位置する。

クラブが長いほど
ボールとの距離は遠くなる

クラブと腕の角度を120度にしてから上体を前傾させてクラブを下ろすというアドレスの手順は、どのクラブでも共通。これができていれば、自然とクラブに合ったアドレス姿勢をとることができる。

クラブが長いほどボールと体の距離は遠く、前傾角度は浅くなるのが特徴だ。クラブによって腕の角度が変わる点も確認。ドライバーは肩よりも手元が前に、7番アイアンでは肩と手元が一直線に、サンドウェッジでは手元のほうが体に近づく。

サンドウェッジ

120度

前傾は最も深い。ボールとの距離は近く、肩より手元が体に近づく。

ここをチェック!!

手首の120度が崩れるとアドレスがおかしくなる

アドレスするために基準となるのが、手首の角度だ。手首を120度よりも深く曲げた状態でクラブを下ろしてくれば前傾が深くなりすぎるし、手首が伸びた状態でクラブを下ろせば前傾が浅くなりすぎる。120度の角度を保てているか、常にチェックしよう。

NG

クラブを立てすぎて前傾すれば、前傾角度が深くなりすぎる。

正しい方向に構えるには ツマ先、ヒザ、腰、 肩のラインを確認する

飛ばしたい方向を向いて構えることは、簡単そうで意外と難しい。
方向の間違いを防ぐために、体が向いている方向を確認しよう。

ポイント

体の5か所が目標を 向いているか確認する

両足のツマ先にクラブ を渡したり、誰かに後 ろから肩やヒザにクラ ブを当ててもらって、 どちらを向いているか 確認しよう。

目標方向

足もヒザも腰も肩も
目標に正対していればOK

　アドレスが完成したら、飛ばしたい方向を向いて構えられているかチェック。足は飛ばしたい方向を向いていても、肩は目標より右を向いてしまっているなど、体の部分によって向きがバラバラなこともある。

　方向の間違いを防ぐために、左右のツマ先を結んだライン、ヒザを結んだライン、腰を結んだライン、ヒジを結んだライン、肩を結んだラインがすべて、目標を向いているか確認しよう。

ツマ先の開き具合

ポイント

**ハの字が合っている人もいれば
真っすぐが合っている人もいる**

　構えるとき、どのぐらいツマ先を開くのが一番安定するかは、個人差がある。自分にとってのベストの角度を知るには、サイドステップがオススメ。サイドステップをしてみて着地したときの開き具合と同じ角度でアドレスしよう。

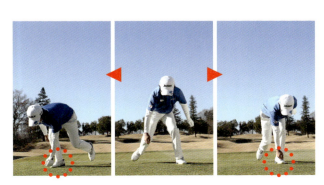

左に跳んで左足で着地、右に跳んで右足で着地と、左右交互に足を踏み出すサイドステップ。このとき、ツマ先がどのぐらい開いているかを確認する。

毎ショット同じ手順で アドレスに入れば ショット成功率が高まる

アドレスに入るまでの動作を「プレショットルーティン」という。
ショットの成功率を高めるには、毎回同じ動作をすることが大事だ。

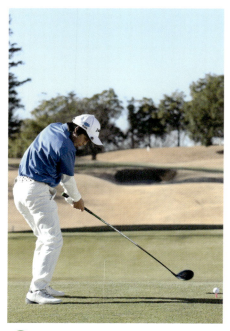

目標方向

① ボールの横で素振りする

ボールを実際に打つ地点よりも一歩下がった位置で、ヘッドがボールに当たらないように素振りをする。

② 狙い場所を決める

ボールの後ろに立ち、狙う場所を決める。どこに打ち出してどんな弾道（球筋）で打っていくのかイメージしよう。

同じ手順、同じリズムでアドレスに入る

　クラブを手にしてからアドレスするまでの「プレショットルーティン」がショットごとに変わると、スイングのリズムも狂いがち。すると、ミスショットにつながってしまう。プレショットルーティンはさまざまなやり方があるので、やりやすい順番で構わないが、手順やリズムが、いつも同じになるよう心がけよう。

レベルアップ アドバイス

　2打目以降は傾斜地など、地面が平らではないところから打つこともある。実際のショットとできるだけ同じライ※で素振りをするために、ボールの後方ではなく、ボールのすぐ真横で素振りをする習慣をつけよう。

120度

❸ 目標に正対しクラブを握る

目標方向に対してスクエア（直角）に構えられるよう体の向きを決める。クラブを握り、手首の角度を120度にする。

❹ クラブを下ろす

手首の角度120度をキープしたまま、上半身を前傾させてクラブを地面に下ろし、アドレスを完成させる。

※ライ……ボールのある場所の状態。

コラム

正しいアドレスができているか
チェックしてみよう

ドライバーのアドレスが完成したら正面、後方それぞれ撮影してもらう。以下のチェックポイントができているか確かめよう。

120度

☐ **右肩が左肩より少し下がっている**
☐ **手は右太モモの内側にある**
☐ **ボール位置は左カカト内側の
延長線上**

☐ **腕はリラックスしてダラリと垂れている**
☐ **腕とクラブでできる角度は120度**
☐ **左右のツマ先、ヒザ、腰、ヒジ、肩を
結んだラインがすべて目標方向と平行**

フルスイング

ダンスを覚えるのにお手本の完コピを目指すように、ゴルフスイングも完コピが上達の近道。お手本のスイングをよく見てまねしよう。

フルスイング連続

正面

後方

フルスイング 完コピポイント 1

後ろから見たとき
ヘッドと手が重なっている

バックスイング

ポイント

アドレスのときと
頭の位置が同じ

ポイント

シャフトが飛球線※と平行

※飛球線……ボールが飛んでいく方向。打ち出す方向。

　正しくバックスイングができているかは、シャフトが地面と平行になる位置で確認してみよう。大事なのは手だけでヒョイッとクラブを上げず、肩や胸を使って上げていること。

　それができればクラブを真っすぐ引くことができ、後ろから見たときクラブと手が重なる。アドレス時から頭の位置や、前傾角度が変わっていないかもチェックしよう。

ポイント

アドレスのときと
前傾角度が変わっていない

ポイント

ヘッドと手が重なっている

手だけでクラブを上げず
肩や胸を回して
バックスイングしよう

左肩がしっかり回り アゴの下に入っている

トップスイング

ポイント
シャフトが地面と平行

ポイント
左肩はアゴの下に入る

ポイント
右足に体重が乗っている

体重

肩と胸を使ったバックスイングから、体全体を使ってクラブを上げていった先がトップスイングになる。体を回せているかは、左肩の位置で確認。アゴの下までしっかりと回っていればOKだ。アドレスで120度だった腕とクラブの角度は、トップスイングでは90度に。後ろから見たとき手とクラブヘッドが重なっていれば合格だ。

ポイント
手とヘッドが
重なっている

ポイント
アドレスのときと
前傾角度が変わっていない

右足にしっかりと
体重を
乗せていこう

胸は右を向けたまま クラブを下ろす

ダウンスイング

ポイント
体の縦軸が
左右に倒れず真っすぐ

ポイント
シャフトが飛球線と平行

ポイント
体重が左足に移動する

体重

トップスイングから前傾角度を変えないまま、クラブを振り下ろしてくる。シャフトが地面と平行になる位置で、胸が正面ではなくまだ右を向いていることが肝心だ。このとき、シャフトは飛球線と平行になっているか、またヘッドと手が重なっているかもチェックしよう。体重は右足から左足に移ってくるが、体の縦軸は左右に倒さず真っすぐにキープする。

ポイント

アドレスのときと
前傾角度が変わっていない

ポイント

胸がまだ右を向いている

ポイント

ヘッドと手が重なっている

体の縦軸と前傾角度を
保ったまま
クラブを振り下ろそう

インパクトを迎^{むか}えるとき
頭^{あたま}の位置^{いち}はボールより後^{うし}ろ

インパクト

ポイント

頭の位置は
ボールより後ろ

ポイント

クラブと左腕^{ひだりうで}が一直線^{いっちょくせん}

インパクトはアドレスと似た形になるが、腰が目標に向かって回転している点、左足に体重が乗っている点がアドレスとは違っている。重要なのは頭の位置。ボールをとらえたとき、ボールより後ろの「ビハインド・ザ・ボール」になっているか確認しよう。右ヒジが少し曲がっていて、左腕とクラブが一直線になっているのが正しい腕の形だ。

ポイント

アドレスのときと前傾角度が変わっていない

ポイント

腰は目標方向に回っている

ポイント

右ヒジが少し曲がっている

「ビハインド・ザ・ボール」でボールをとらえる意識を持つことが大事!

両腕を伸ばしクラブを
放り投げるように振り抜く

**フォロー
スルー**

ポイント

打ち終わっても
ボール位置を見ている

ポイント

両腕がしっかりと
伸びている

フォロースルーは、クラブを放り投げるようなイメージで大きく振り抜くことが大事。腰を目標方向に向かって回し、両腕をしっかりと伸ばせているか確認しよう。

ただし、腕の振りにつられて体の縦軸が左にズレないように注意。そのためには、打ち終わっても頭を残すこと。「ボールのあった位置を見続ける」と意識しよう。

ポイント
アドレスのときと
前傾角度が変わっていない

ポイント
腰は目標方向に回っている

ボールがあった場所を
見続けることで
ヘッドアップを防ごう

57

左足に体重を乗せ
グラつかずに静止する

フィニッシュ

ポイント
胸が目標方向を
向いている

ポイント
体重が完全に
左足に乗っている

体重

左足に体重が乗り、体は目標方向を向いている。手が高く上がり、シャフトが背中につくほど大きく振り抜いているのが理想のフィニッシュだ。右足には体重が残っていないのでカカトが上がっている。大事なのは、ピシッと静止できること。グラつくようならフィニッシュ以前の動きを間違えている可能性も高い。再確認しよう。

ポイント
グラつかずに
静止できている

フィニッシュが決まれば
正しいスイングが
できている証拠だ!

ポイント
右足カカトが上がっている

インパクトの前後に地面を「シュッ」とする、素振りでいいスイングを覚える

ボールを打つ練習だと当てることに一生懸命になってしまい、いいスイングをつくれない。ボールなしの「素振り」に取り組もう。

ポイント

アドレスで構えた姿勢に戻れば地面をすれる

シュッ

地面をシュッとすれれば いいスイングの証拠

　ボールは置かずに「ある」とイメージするだけ。グリップが右腰の高さの位置から左腰の高さの位置まで、クラブを振ってみよう。目標は、インパクトの前後でクラブヘッドが「シュッ」と地面をすること。そのスイングなら、ボールを打ったときにきちんとボールをとらえられる。

　インパクトの手前でクラブが地面に突き刺さったり、クラブヘッドが地面から浮いたりしないよう注意しながら振ってみよう。

地面をすれるときと
すれないときの
スイングの違いを感じて

ここをチェック!!

前傾角度を 崩さずに振る

　上半身を倒した前傾角度が、アドレスの時点より浅くなったり深くなったりすると、地面をすることができない。「前傾角度を変えない」「頭の位置をキープする」と意識して振るのがコツだ。

レーンの間を通す素振りで直線的なインパクトゾーンを身につける

インパクトの直前と直後、クラブヘッドはボールに対して真っすぐ入り真っすぐ抜けていくのが理想。このインパクトゾーンをつくろう。

ポイント

インパクト前後ヘッドを真っすぐ動かす

レベルアップアドバイス

バックスイングを始動するとき、真っすぐ引くよう心がけてみよう。腕だけでヘッドを動かすのではなく、肩から動かして真っすぐ引く意識を持つことがポイントだ。

レーンの幅は、クラブヘッドが2つ通るぐらいあけておく。

スティックに当てないようクラブを振る

　練習用のスティックやクラブを2本、飛球線と平行に置き、その間にヘッドを通す素振りに挑戦してみよう。ボールは打たず「ここにある」とイメージするだけでOK。

　ボールに対して外側からヘッドが下りてきたり、インサイドからヘッドが入れば、スティックに当たるので、スイングの間違いにすぐ気づくことができる。インパクトゾーンだけの小さな振り幅から始め、だんだんと大きく振ってみよう。

振り幅はだんだんと大きくする

最初はインパクトゾーンだけの素振りからスタート。スティックに当たらずに振れるようになったら腰から腰、胸から胸というように、スイングを大きくしていこう。

インパクトゾーン

腰から腰

胸から胸

フルスイング

連続素振り&逆素振りで力を抜いてリズムよく振る感覚を覚えよう

余計な力を入れずにリズムよく振ると、いいスイングになる。連続素振り&逆素振りで、スイングリズムを整えよう。

❶胸から胸の素振り

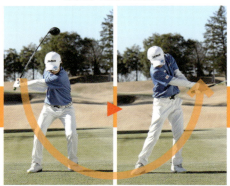

❷胸から胸の素振り（2回目）

❻フルスイングの逆素振り

❺胸から胸の逆素振り（2回目）

ヘッドの動きに任せて体を振られてみる

連続素振りに挑戦してみよう。ビュンッ、ビュンッと続けて振っていると、体の余計な力が抜けてリズムよく振ることができる。また、連続で振っていると反動でヘッドが自然に動くのを体が感じるはずだ。

まずは胸から胸の振り幅で2回素振りしたら、フルスイングの素振りを1回。ここで今度は、フォロース

ルー位置からスタートしてバックスイング位置まで振る「逆素振り」に切り替えて振ってみよう。胸から胸の逆素振りを2回繰り返したら、フィニッシュからトップスイングへの逆素振りを1回振る。

ヘッドの動きに任せて振るうちに、自然と正しいスイングの動きができていく。

❸フルスイングの素振り

❹胸から胸の逆素振り

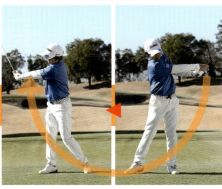

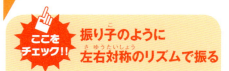

練習場で連続素振りするときはゴムティーをたたきながら振るのも◎

ここをチェック!!

振り子のように左右対称のリズムで振る

連続素振りは「振る➡スタート位置まで戻す➡振る➡スタート位置に戻す」と、左右対称の動きで振ることを心がけよう。振るときも戻すときも同じ動きで振ることで、左右対称のリズムに整ってくる。

フェースが開いて当たれば右に、閉じて当たれば左にボールは飛び出す

球が左右に曲がるには原因がある。ハイスピードカメラの画像を見ながら、球が曲がるときに何が起きているのか見ていこう。

インパクトのフェース向きで出球の方向は決まる

　球が曲がる原因の一つは、インパクトの瞬間のフェース向きだ。ボールがどちらに飛び出すかは、フェースの向きによって決まる。

　フェースが目標方向をスクエアに向いていれば真っすぐに、フェースが開いて当たれば右に、閉じて当たれば左にボールは飛び出していく。

　つまりボールが右に飛び出す人は、フェースが開いて当たっているというわけだ。

フェース向きを変えたうえでグリップを握り直すこと。

ここをチェック!!

フェースを開閉したうえでグリップしよう

　フェースを開いたり閉じたりして出球の方向をコントロールする場合、グリップを握ったまま手首を回転させてフェース向きを変えるとスイングの途中でフェース向きが元に戻ってしまう。アドレスする前にフェース向きを調整してからグリップし直すようにしよう。

フェースが開いて当たれば——ボールは**右**に飛び出す

フェースがスクエア※に当たれば——ボールは**真っすぐ**飛び出す

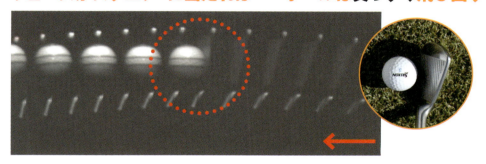

フェースが閉じて当たれば——ボールは**左**に飛び出す

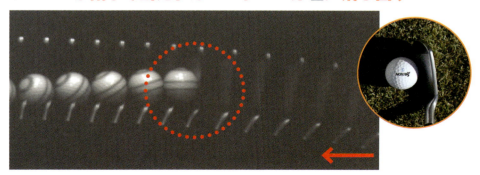

※スクエア……直角。

ヘッドが外から入れば右に
中から入れば左に
ボールは曲がっていく

打球が飛び出した後でそのまま真っすぐ進むか左右に曲がるかは、どんな軌道でヘッドがボールに向かったかによって決まってくる。

軌道イメージ

ポイント
ヘッドがストレート軌道なら
ボールは真っすぐ飛ぶ

クラブ軌道によって
ボールの曲がりが変わる

　フェース向きがスクエアでインパクトした場合、インパクト前後のヘッド軌道がストレートであれば、ボールは真っすぐ飛んでいく。一方、ヘッドが外から入るアウトサイドイン軌道ならボールは右へ、内側から入るインサイドアウト軌道ならボールは左へ曲がる。曲がり球を直したいときは、ヘッド軌道を確認してみよう。

**レベルアップ
アドバイス**

　真っすぐに打つ練習だけを繰り返すのではなく、わざと右や左に曲げる練習をしてみよう。どんな動きをすればボールが曲がるのかを体感することで、真っすぐ打つコツも分かってくる。

**ヘッドがアウトサイドイン軌道なら
ボールは右に曲がる**

**ヘッドがインサイドアウト軌道なら
ボールは左に曲がる**

フェース向きとヘッド軌道の組み合わせによって生まれる9種の球筋を覚える

ボールが曲がる原因はインパクトのフェース向きとヘッド軌道にある。その２つの組み合わせによって９種類の球筋に分かれる。

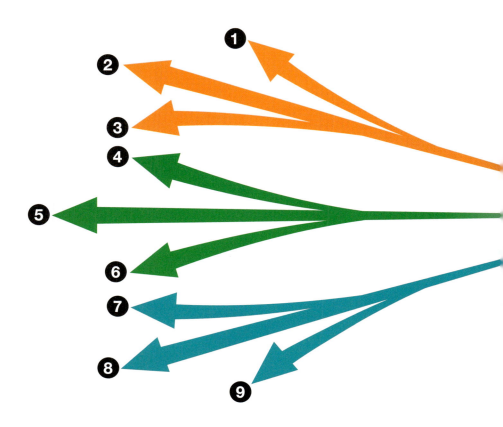

どんな組み合わせだと
どんな球筋になるかを把握

　インパクトの瞬間にフェース向きがオープンなら、打球は右へ飛び出す。また、オープンのフェース向きに対して外からヘッド軌道が入っていたなら、打球はさらに右へ曲がる（下図①の球筋）というように、インパクトしたときのフェースの向きと、そのフェースに対してのヘッド軌道で球筋は9種類に分かれる。

　9種類の球筋が生まれる組み合わせを覚え、自分の持ち球がどんな仕組みで出ているのかチェックしてみよう。

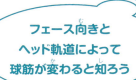

フェース向きと
ヘッド軌道によって
球筋が変わると知ろう

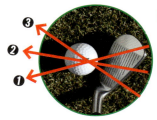

オープンフェースに対して

❶ヘッドが外から入る
❷ヘッドがストレートに入る
❸ヘッドが内側から入る

スクエアフェースに対して

❹ヘッドが外から入る
❺ヘッドがストレートに入る
❻ヘッドが内側から入る

クローズドフェースに対して

❼ヘッドが外から入る
❽ヘッドがストレートに入る
❾ヘッドが内側から入る

ロフト角※で球の高さは変化。アドレスの体重位置で打球の高低を操れる

同じクラブでも、インパクト時のロフト角で打球の高さは変わってくる。アドレスの体重位置で弾道の高低を打ち分けることも可能だ。

ポイント

右足に体重を多く乗せる
➡高いボールになる

右足に体重を多く乗せると体が右に傾いてクラブのロフトが少し寝る。これで高い弾道の球になる。

体重

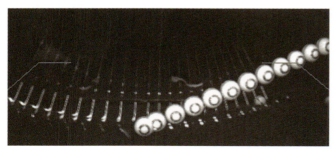

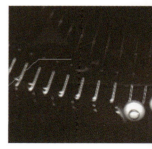

※ロフト角……クラブフェースの角度。

ロフトが寝れば打球は高く ロフトが立てば低くなる

高い球になるか低い球になるかの違いはクラブのロフト角。インパクトのときにロフトが寝ていれば高い球、ロフトが立っていれば低い球になる。アドレスの体重位置で、ロフト角をコントロールすることもできる。右足に体重を乗せればロフト角が寝て高い球に、左足に体重を乗せればロフトが立って低い球になる。

レベルアップ アドバイス

弾道を打ち分けられると、追い風のときは高い球で風に乗せて飛距離を稼いだり、向かい風のときは低い球で風の影響を最小限に抑えたり。高い球で木の上を越したり、低い球で枝の下を通したりすることも可能になる。

ポイント

左右均等に体重を乗せる ➡番手通りの高さになる

左右均等に体重を乗せれば、通常のロフト角で構えることに。弾道の高さは番手通りになる。

ポイント

左足に体重を多く乗せる ➡低い球になる

左足にかける体重配分を多くすると、体が左に傾く。クラブのロフト角が立ち、弾道は低くなる。

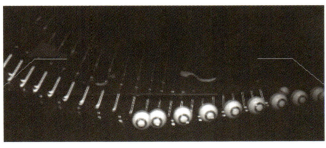

できたらカッコイイ！ クラブでボールを拾っちゃおう

クラブフェースで ボールを跳ね上げてキャッチ

プロゴルファーや上級者は、ボールを拾い上げるとき、かがんで手で拾うのではなく、クラブのフェースに乗せて跳ね上げて拾うことがある。できたから

といってゴルフがうまくなるわけではないのだが、できると断然カッコイイ！　ショットの待ち時間や練習の合間にトライしてみよう。

トン

トン

ヒョイ

キャッチ

※練習するときは、まわりに人がいないことを確認すること。

第3章

アプローチ

グリーンのすぐそばから、カップに寄せていく「アプローチショット」。
フルスイングとはまったく異なる構え方や打ち方が必要だ。

「ピッチ&ラン」「ランニング」 「ロブショット」の3種類を 条件に合わせて使い分けよう

アプローチショットは、ボールが空中を運ぶ距離と着地してから転がる距離の割合によって、大きく3種類の打ち方に分けられる。

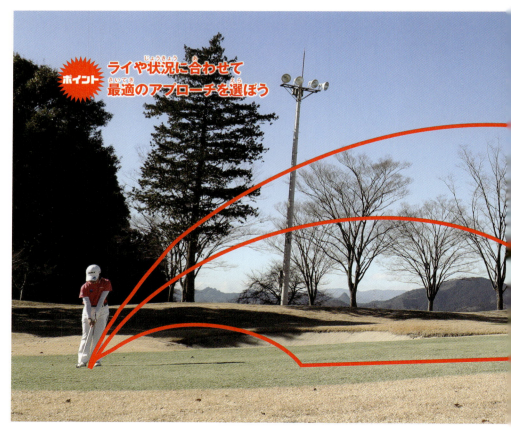

ポイント ライや状況に合わせて 最適のアプローチを選ぼう

3種類のアプローチを打てるようになろう

　残り距離が30ヤードを切ると、フルスイングの振り幅を小さくするだけでは対応できない。アプローチショット独特の構え方や打ち方が必要になる。アプローチショットは、浮かせてから転がす「ピッチ＆ラン」、高く浮かせて止める「ロブショット」、最初から転がしていく「ランニングアプローチ」がある。

　状況に応じて使い分けられるように、3種類とも覚えておこう。

ピッチ＆ラン
78〜81ページ

浮かせる距離と、着地してから転がる距離が1対1のアプローチショット。アプローチの基本となるショットなので、まずはこれから覚えよう。

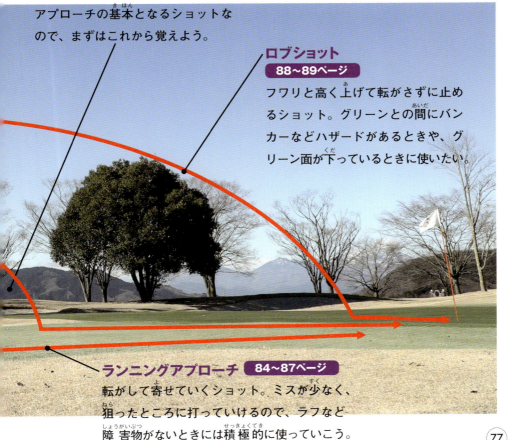

ロブショット
88〜89ページ

フワリと高く上げて転がさずに止めるショット。グリーンとの間にバンカーなどハザードがあるときや、グリーン面が下っているときに使いたい。

ランニングアプローチ　84〜87ページ

転がして寄せていくショット。ミスが少なく、狙ったところに打っていけるので、ラフなど障害物がないときには積極的に使っていこう。

フルスイングとは大違い。足を閉じボールの近くに立って構えよう

遠くまで飛ばすのではなく、近くに正確に運ぶアプローチでは、足幅を狭くしてボールの近くに立つ、コンパクトなアドレスが最適だ。

フルスイング

フルスイングの場合は肩幅に足を広げていたがアプローチでは両足がくっつくほど狭める。狭いスタンスで、体重移動せずに打っていく。

ポイント
手元はセンターよりやや左にくる

ポイント
スタンスは狭く
ボールは鼻の真下

大きく体を
動かしにくい構え

アプローチショットの基本、ピッチ＆ランでは、クラブはピッチングウェッジやサンドウェッジを使う。スタンスは両足がくっつくほど狭くして、ボールは鼻の真下に。フルスイングの構えよりも半歩、ボールに近づいて立とう。ボールに近づいた分、手元の位置が高くなり、腕とクラブがつくる角度は約150度になる。フルスイングのアドレスより「大きく体を動かしにくい」と感じるが、それでOK。

フルスイング

ポイント フルスイングより半歩ボールに近く立つ

フルスイングのときよりもボールに近づいて立つ。その分、手元が少し高くなり、腕とクラブでできる角度が約150度になる。

ポイント

ボールに近づいた分手元位置が高くなる

ピッチ＆ラン連続

正面

後方

肩と胸を回して クラブを上げ下げする

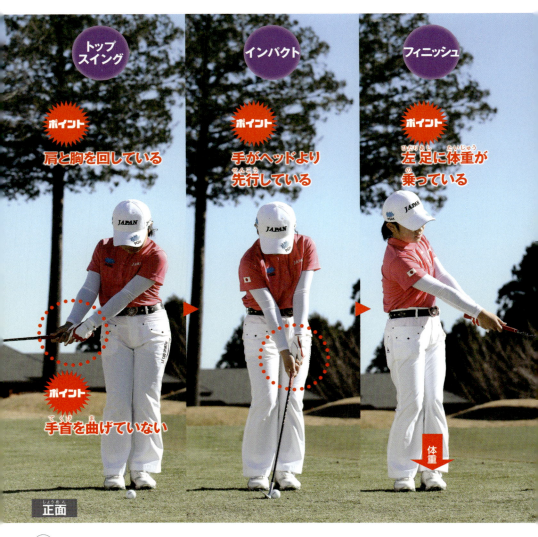

トップスイング

ポイント
肩と胸を回している

ポイント
手首を曲げていない

インパクト

ポイント
手がヘッドより先行している

フィニッシュ

ポイント
左足に体重が乗っている

体重

正面

ピッチ＆ランのアプローチは、肩と胸を回してクラブを上げ、戻してインパクトする。手首やヒジを使わずに、肩と胸を回してクラブを上げ下げするイメージを持とう。インパクトはアドレスとほぼ同じ形になる

が、手がヘッドより前に出ている。フルスイングのときのように大きな移動ではないが、右足から左足へ体重移動しているかも確認しよう。

トップスイング

ポイント
ヘッドと手がほぼ重なっている

インパクト

ポイント
アドレスとほぼ同じ形に戻っている

フィニッシュ

ポイント
クラブフェースは返っていない

後方

ランニングアプローチはアイアンで「ピッチ&ラン」と同じように打って転がす

ランニングアプローチの打ち方には、2種類ある。1種類目は「ピッチ&ラン」と同じ打ち方でクラブをアイアンに持ち替える方法だ。

ランニングアプローチの打ち方①

ポイント

構え方は「ピッチ&ラン」と同じ

「ピッチ&ラン」と
クラブだけ替える

「ピッチ&ラン」ではピッチング
ウェッジやサンドウェッジを使った。
クラブを8番アイアンなど、アイア
ンに持ち替えて同じように打つと、
キャリー（浮いて進む距離）よりもラ
ン（転がって進む距離）が長くなる。
ボールのある場所の芝が打ちやすそ
うなら、このアイアンを使ったラン
ニングアプローチが最適。ミスの確
率も低く、寄せていくことができる。

**レベルアップ
アドバイス**

ウェッジで打ったとき
は、キャリーとランの比
率が1対1だった。9番アイアン、8
番アイアンとクラブが長くなるほど、
キャリーが少なく、ランの距離が伸
びていく。

**使うクラブは
アイアン**

ポイント

**アイアンで「ピッチ&ラン」と
同じように打つ**

ライが悪いときはウェッジを「上げて下ろすだけ」のランニングを!

ランニングアプローチの2種類目はウェッジで打つ方法。ボールを右足より外側にセットして、ヘッドを上から打ち込んでいく。

ランニングアプローチの打ち方 ②

ポイント
ボールは右足より外側にセットする

体重

ポイント
左足に体重を乗せる

ドンッと打ち込むイメージで クラブを上げて下ろす

芝が薄いなど、芝の状態が打ちにくそうなときは、アイアンでのアプローチではなく、ピッチングウェッジやサンドウェッジを使ったランニングアプローチを選択しよう。ポイントは構えの姿勢。ボールを右足より外側に置いて、左足に体重をかけて構えること。

この構えから振れば、ダウンスイングではヘッドが上から入ってくるので、ライに関係なく打っていける。上から「ドンッ」と打ち込んで終わるイメージで、無理にフォロースルーは取らなくてOK。ボールは低く転がり出ていく。

使うクラブは ウェッジ

ポイント
クラブを「上げて下ろすだけ」のイメージで打つ

ロブショット

足を大きく広げて低く構え
手首の「コック」を使うと
ボールがフワリと浮く

ボールをフワリと浮かせてピタリと止めるロブショット。上手に打つには、アドレスでボールを浮かせる体勢をつくることが肝心だ。

ポイント

足を広げてヒザを曲げ
重心を落として構える

ボールより手元が
中に入る

ボールは左足
カカト延長線上

コレがコック!

ポイント

クラブヘッドを
クッと上げるように
手首を曲げる

コックを使ってヘッドをしっかり加速させる

ロブショットではウェッジを使う。ポイントは2つあり、まずはアドレスの姿勢。足を腰幅より広げてヒザを落とし、ボールは左足カカト延長線上にセット。クラブフェースを少し開いて構えよう。

もうひとつのポイントは、スイングに「コック」を使うことだ。バックスイングを始動したらクラブヘッドをクッと上げるように手首を曲げる。フォロースルーでもコックを使うと、浮いて止まる打球になる。

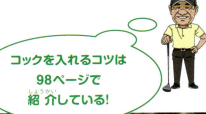

コックを入れるコツは
98ページで
紹介している!

コレがコック!

振り幅を変えてボールを投げ、距離がどのように変わるのか比べてみる

アプローチではどのぐらい振ったらどのぐらい飛ぶのかという「距離感」をつかむことが大事。打たずに手で投げて、感覚を覚えよう。

ポイント

腕振りの大きさを変えて投げ比べる

手でボールを
投げてみて
距離感をつかもう

腕の振り幅と距離の関係を確かめる

　10ヤード打つのか20ヤード打つのかという距離の違いを、インパクトの強弱で打ち分けようとすると「思ったよりインパクトが強く入った」「インパクトが緩んだ」というミスが出ることも。振り幅で打ち分けるのがおすすめだ。

　距離感を身につけるには、手でボールを投げる練習がおすすめ。大きく振ったり小さく振ったり振り幅を変えて、ボールが飛ぶ距離を比べよう。

ここをチェック!! ボールの高さも投げ比べてみよう

腕の振り幅だけでなく、高く投げたときと低く投げたときでは、それぞれボールがどのぐらい転がるのか、着地した後のボールの動きも比べてみよう。

どの高さだとどのぐらい転がるのか、確かめて。

クラブを砂にもぐらせずに
砂ごと打ち抜くには
ソールの「バンス」を生かす

バンカーからのエクスプロージョンショットは、唯一ボールを直接打たないショット。砂ごと打ち抜くには、バンスの使い方がカギだ。

ポイント

手前の砂といっしょに
ボールを打ち抜く

フェースを開いて
バンスから着地させる

　エクスプロージョンショットは、ボールの手前にある砂ごと打ち抜いていくショット。クラブヘッドはボール手前の砂に着地するが、このときクラブが砂にもぐりこむとダフリとなって、脱出できない。

　それを防ぐために、サンドウェッジのソールには「バンス」という丸みが設計されている。フェースを開いて構え、バンスから砂に着地させれば、一発で脱出できる。

**レベルアップ
アドバイス**

　サンドウェッジのソールには「バンス」という丸みが。フェースを開いて構えればバンスから着地し、クラブが潜り込むのを防いでくれる。

フェアウェイバンカーの場合

**ここを
チェック!!**
**アゴの高さが低ければ
クリーンヒットでOK**

　アゴが低くライがよければ、ショートアイアンで打っても構わない。その場合は砂ごとではなく、クリーンにボールをヒットしよう。ヘッドを浮かせてアドレスし、あとは芝から打つフルスイングと同じように打てばいい。

手元を落としてヒザを曲げ重心を低く。ロブショットと同じように構える

バンカーショットは、88ページで紹介したロブショットと仲間のショット。構え方や打ち方には共通している部分が多い。

少しだけ右足に多く体重を乗せる

　バンカーショットではスタンスを広げて手元の位置を低く、ヒザを曲げて重心を下げて構える。88ページのロブショットの構えと非常によく似た構えになる。

　ボール位置は左右センターよりも左にセット。ボールより手元のほうが中に入っているか確認しよう。ロブショットとの違いは体重配分。バンカーショットでは右足6：左足4ぐらいの割合で、右足に多めに体重を乗せて構えよう。

　また、バンカーではクラブのソールを砂に着けるとペナルティになるので、注意しよう。

ここをチェック!!

足元をグリグリしすぎないよう注意

　バンカーでは「滑らないよう足元を安定させる」と習った人も多いだろう。しかし、あまりグリグリ足を埋め込むと「スタンスの場所をつくった」と見なされて2打罰を受けることも。深く埋め込むのは厳禁だ。

深く足元を埋め込むとルール違反になる場合も！

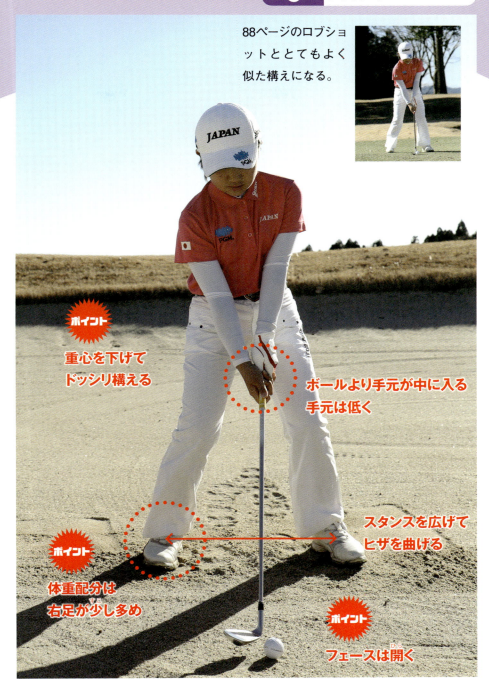

88ページのロブショットととてもよく似た構えになる。

ポイント
重心を下げて
ドッシリ構える

ボールより手元が中に入る
手元は低く

スタンスを広げて
ヒザを曲げる

ポイント
体重配分は
右足が少し多め

ポイント
フェースは開く

力むとミスしやすい。コックの力を生かして最小限の動きで打とう

砂ごと打つと思うと、力を入れたくなるバンカーショット。しかし力みはムダな動きを引き起こすので厳禁だ。コックの力を生かそう。

ヘッドをクッと上げるように手首を曲げてシャフトを立てる動きがコック。

ポイント

重心を安定させコックの動きでヘッドを上げ下げする

コックの力と動きで
ヘッドを走らせる

　バンカーショットをうまく打つには、狙った場所へ確実にヘッドを落とすことが大事。しかし力いっぱい打とうとすれば余計な動きが生じて精度が落ちるので注意が必要だ。体の動きは最小限に、その分、手首を曲げるコックの動きと力で、ヘッドを走らせよう。フォロースルーをしっかり振り抜くことも心がけて。

ここを
チェック!!

「力いっぱい打とう」
と思わない

　「力一杯打って砂を飛ばそう」という意識が強すぎると、重心が右に傾いてしまう。この構えからでは、ボールのはるか手前にヘッドが着地してダフリとなる可能性が高い。軸は傾けないこと。

NG

ポイント

フォロースルーは
しっかり振り抜く。

スティックなど軽いものを ムチのように振って コックの動きをつかむ

バンカーショットやロブショットで使うコックの動きを覚えるには、
クラブよりずっと軽い練習用スティックなどを使うのがオススメだ。

ポイント

まずはムチのように
スティックを振り
コックの動きを覚える

クイッ

腕の振り幅と 距離の関係を確かめる

手首を曲げてシャフトを立てるコックの動き。まだ力が弱いジュニアゴルファーにとってゴルフクラブは重く感じるため、クラブを持ってコックするのが難しい。

そこで練習用のスティックなど軽くて長いものを用意。まずはムチを振るようなイメージでスティックを振り、手首を曲げる感覚をマスター。

続いてスティックをクラブのように振り、スイングの中で手首をコックする感覚をつかもう。

まずは軽いものを持って
コックの動きを
覚えよう

ポイント スティックをクラブ代わりに持ち
コックを入れてスイングする

ビューン

難易度別・3ステップの練習でバンカーショットの精度を上げる

「ボール手前の砂ごと打ち抜く」「狙った場所に正確にヘッドを落とす」というバンカーショットの技術を磨く3ステップの練習に挑戦。

ステップ 1
砂にかいた円ごと飛ばす

バンカーの砂にヘッド 3つ分ぐらいの円を描く。円にヘッドが下りてくるように素振りして、円ごと砂を飛ばそう。

ステップ 2
砂にかいた線を消す

バンカーに1本の線をかく。線の上にヘッドが下りてくるように素振りしたら一歩進んで素振り、また一歩進んで素振りと繰り返しながら、線を消していこう。

まずはボールなしで
砂だけ打ってみる

「ボールにヘッド」を当てるのではなく「砂ごと打ち抜く」感覚をつかむには、ボールを打たず、砂に円をかいて円ごと打ち抜く練習が最適。うまく円を飛ばせるようになったら、バンカーに線をかき、連続素振りで線を消していく練習に取り組んでみよう。最後はボールの手前にヘッドで印をつけ、その印の場所にヘッドを落とす練習に挑戦。難易度が上がるほど、正確にヘッドを落とすことが求められる。

取る砂の量を
コントロールできるようになる
のが目標！

ステップ 3

予定のピンポイントにヘッドを落とす

このあと目がけてヘッドを落とす

まずはヘッドで
あとをつける

ボールを置き、その手前のヘッドを落とす予定の場所に、あらかじめヘッドであとをつけておく。そのヘッドのあとにピンポイントにヘッドを落とすことを意識して打つ。

バンカーへの入り方と砂のならし方に注意

バンカーのマナーを守ろう

バンカーに入ったボールを打ちにいくとき、ボールに近いところからバンカーの中に入ってはいないだろうか。これは不正解。アゴの高い場所からバンカーに入ると土手を壊してしまったり、転んでしまう危険がある。アゴの低いところから入るのが基本だ。

またショットの後のバンカーならしは、ピン方向に向かって前後にならすのがベスト。もしピン方向に対して垂直の向きにならした場合、次の人のボールがレーキ跡の溝に入ると打ちにくくなるからだ。次の人が気持ちよくバンカーショットできるよう心がけよう。

ボールへの最短距離ではなく、アゴの低いところから入る。

ピン方向に向かって前後にレーキを動かし砂をならそう。

第4章

パッティング

パッティングに筋肉やスピードは不要。うまくなれるかは、練習量にかかっている。たくさん練習して、パッティング名人を目指そう。

パッティングの構え方

肩だけを動かして ストロークできる 構えをつくる

パッティングのコツは肩だけを動かしてストロークすること。構えの時点で、手首やヒジを動かしにくい姿勢をとることが大事だ。

ポイント ボール位置は左目の真下

ポイント ヒジは軽く曲げる

ボールは左目の真下に置こう。左目からボールを落として、着地する地点を確認してみて。

股関節から前傾して
ヒジを軽く曲げる

狙い通りの場所に思い通りの強さで転がすには、ヒジや手首を動かさず、肩の動きだけでクラブを動かすことが必要。そのために、股関節から上半身を前傾させてヒジを軽く曲げた姿勢でアドレスしよう。ヒジをピンと伸ばしたり曲げすぎたり、あるいは前傾が深くなりすぎると、肩を動かしにくくなるので気をつけよう。

ここをチェック!!

クラブのソール全体を地面につける

クラブフェースの先が浮き上がったり下がったりするのはNG。ソール（パターの底）全体が地面についているか確認しよう。

ポイント　クラブと腕は一直線になる

正しくアドレスできていれば、後ろから見たときクラブのシャフトと腕が一直線になる。

NG

前傾が深すぎ、ヒジを曲げすぎ。

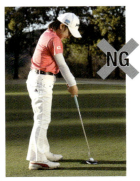

NG

前傾が浅すぎ、ヒジを伸ばしすぎ。

最初にフェースの向きを目標方向へしっかり合わせる

フェースの向きが狙う方向とズレるのは、ミスの元。最初にしっかりとフェース向きを合わせ、その向きをキープしながら構えよう。

目標方向

ポイント フェース面を目標方向へ向ける

① 右手でフェース向きを合わせる

転がしたい方向へフェースを向ける。このときフェースの先が浮き上がったり下がったりしていないか注意しよう。

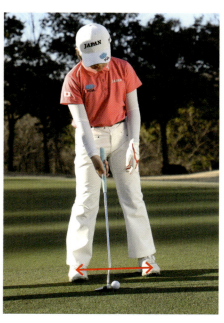

② 足を肩幅に広げる

目標ラインに対して、左右のツマ先を結んだラインが平行になるよう、足を肩幅に広げる。ボール位置は左目の下。

まずフェース面の向きとシャフトの角度を決める

まず狙いたい場所に向けてフェースが真っすぐ向くように右手でクラブをセット。このとき、クラブフェースの先が浮いたり下がったりしないよう、ソール※全体が地面につくようシャフトの角度を調整しよう。続いて足を広げる。ボールが左目の下になるように合わせ、最後に両手でグリップを握ればアドレスの完成だ。

③ 両手でグリップを握る

左手もグリップを握る。左右の肩を結んだラインが目標ラインに対して平行になるよう、肩の位置に注意しよう。

※ソール……クラブの底の部分のこと

ここをチェック!!

体のすべてのラインを目標ラインと平行にする

パッティングは「左ヒザが少し前に出ていた」など、ちょっとした向きの狂いで、ボールの方向が狂ってしまう。左右のツマ先を結んだライン、ヒザを結んだライン、腰を結んだライン、ヒジを結んだライン、肩を結んだラインの5つがすべて、狙いたい方向に対して平行になっているか確認しよう。

肩ライン

ヒジライン

腰ライン

ヒザライン

目標ライン

ツマ先ライン

手のひらをピタッと クラブにフィットさせて クラブと手を一体化

パッティングを繊細なタッチで転がすには、手の細かい感覚をクラブに伝えなくてはならない。手のひらを広くフィットさせよう。

ポイント 手のひらと指を ピンと伸ばす

1 左右からクラブをはさむ

手のひらと指を伸ばした状態で、クラブを左右から挟む。左手が手前に、右手が先になるように、手をズラしてはさもう。

手のひら全体で
左右からクラブをはさむ

　パッティングでは、右手の感覚を生かせるように、ショットのグリップよりも手のひらを広くクラブに密着させて握るのがコツだ。そのために、手のひらと指を伸ばしてクラブを左右からはさみ、手のひらをクラブに密着させてから握ること。左手の人さし指は、右手の上に重ねる逆オーバーラッピングで握る。

ここをチェック!! 右手の手のひらを目標へ向ける

　左右からはさんでクラブを握れば、右手の手のひらはフェース向きと同じく、目標方向を向いている。

　これなら、右手のひらでボールを押すようなイメージでストロークでき、真っすぐボールを転がしていくことができる。

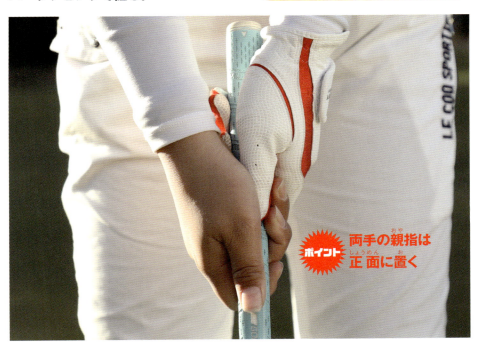

ポイント 両手の親指は正面に置く

② 逆オーバーラッピングで握る

左手の人さし指を右手の上に重ねる逆オーバーラッピングで握り、親指は正面に置く。ショットのグリップより手のひらが広く密着したグリップに。

パッティングストローク連続

正面（しょうめん）

後方（こうほう）

アドレスのヒジの角度を変えないままストローク

パッティングのコツは、アドレスで軽く曲げたヒジの角度を変えないまま、肩を動かしてストロークすること。フェースは開いたり閉じたりせず、ヘッドを真っすぐ引いて真っすぐ目標に向かって送り出していこう。

下半身はドッシリと構えて動かさない。インパクト直後に顔を上げず、ボールのあったところを見続けるよう心がけよう。

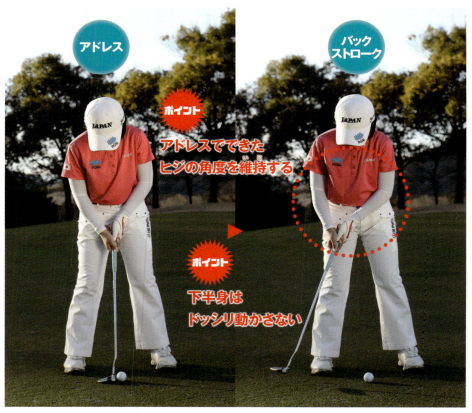

アドレス

バックストローク

ポイント
アドレスでできたヒジの角度を維持する

ポイント
下半身はドッシリ動かさない

フェースを開かず
ヘッドを真っすぐ引いて出している

インパクト

フォロー
スルー

ポイント
顔を上げずボールの
あった位置を見ている

ポイント
肩でストローク
している

113

真っすぐ引いて真っすぐ出す動きを身につける

ヘッドを真っすぐ引いて真っすぐ出すのが、パッティングの基本。
この動きを覚えるには、2本線の間を通す素振りが効果的だ。

ポイント **2本の線の間にヘッドを通す**

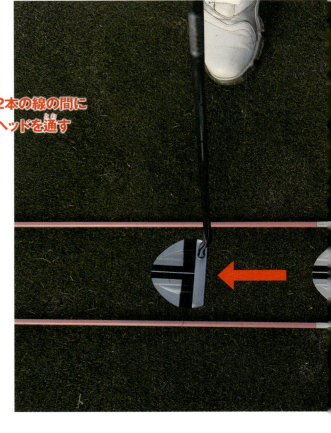

ゴルフ練習用のスティックやクラブを平行に2本置き、その間から外れないよう素振りする。ヘッドがスティックに当たらないよう、肩だけを動かしてストロークしよう。

まずフェース面の向きとシャフトの角度を決める

パッティングで目指したいのは、クラブヘッドを真っすぐ引いて、真っすぐ出すこと。そのために練習用スティックやクラブを使って、ヘッドよりもやや幅広の通り道をつくり、通り道にヘッドを通す練習をしよう。手首やヒジを曲げるとヘッドが通り道から外れてしまう。肩だけを動かしてストロークしよう。

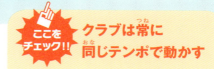

ここをチェック!! クラブは常に同じテンポで動かす

速く引いてゆっくり出すなど、クラブを動かす速さが途中で変わってしまうと、クラブの動きが不安定になる。

クラブを引くときも出すときも、常に一定のテンポで動かすよう意識しよう。

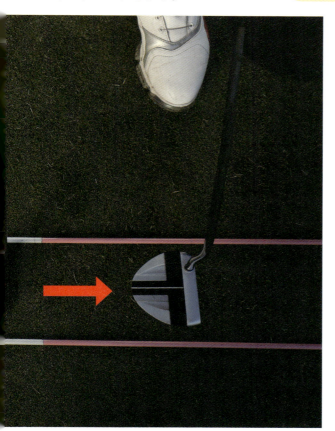

ポイント インパクトの後も頭を残す

ボールの行方を追いたくなって打った直後に頭を上げると、ヘッドを真っすぐ出せない。ボールを打たない素振りで、フォロースルーまで頭を残す感覚を覚えよう。

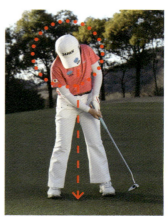

115

振り幅の大きさで距離の目安を知っておこう

パッティングは大きく振るか小さく振るか、振り幅で距離を打ち分けていく。どこまで振ったらどのぐらい転がるかを把握しておこう。

2〜3メートル

ヘッドが右ツマ先から左ツマ先まで

ヘッドを動かす幅で転がる距離を把握する

　どのくらいの振り幅で打つと、ボールがどのぐらい転がるのか、目安として覚えておこう。グリップを動かす範囲を目安にしてもOK。バックストロークとフォロスルーは同じ大きさにしておいたほうが、「この振り幅ならこの距離」という距離感が安定しやすい。

レベルアップアドバイス

　芝の長さや天気、同じ振り幅でも転がる距離は違う。振り幅ごとの距離は目安として覚えておき、その日の芝ならどのぐらい転がるのか、パッティング練習場で確認しよう。

4〜5メートル

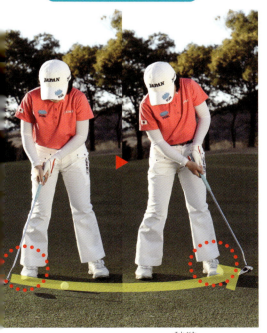

ヘッドが右ツマ先外側から
左ツマ先外側まで

6〜7メートル

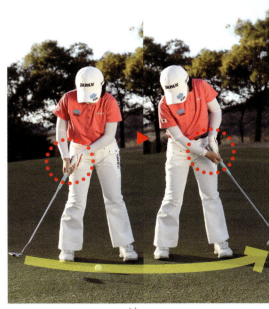

グリップが右太モモから
左太モモまで

本物のカップは狙わない。傾斜を計算し仮のカップを想定する

グリーンには「傾斜」がある。ボールは傾斜の低いほうへ転がっていくので、傾斜を計算に入れた「仮のカップ」を狙うことが必要だ。

ポイント 傾斜のあるグリーンでは
カップを狙っても入らない

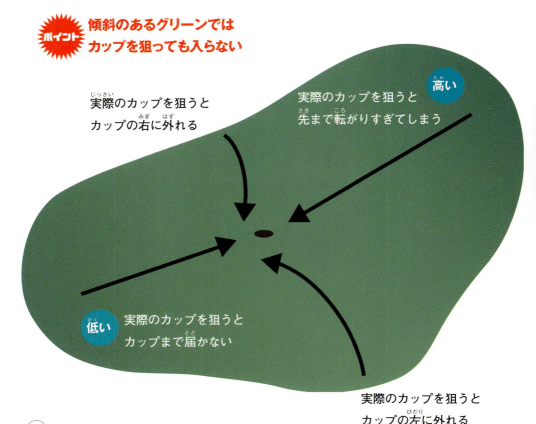

実際のカップを狙うと
カップの右に外れる

実際のカップを狙うと
先まで転がりすぎてしまう

高い

低い 実際のカップを狙うと
カップまで届かない

実際のカップを狙うと
カップの左に外れる

118

ボールがどこへ転がるかを予想する

　グリーンは真っ平らではなく、地面が斜めになった「傾斜」がある。そのため実際のカップを狙ってパッティングすると、傾斜の低いほうへとボールが転がってしまいカップインさせることができない。ボールと

カップの位置関係をよく見て、「傾斜の影響を受けるとボールはどこに転がっていくか」を計算。そのうえで、「あそこを狙えば入る」という地点に仮のカップを想定し、そこに向かって打っていこう。

仮のカップ位置の決め方

左足上がり傾斜
実際のカップより先に
仮のカップを想定する

左足下がり傾斜
実際のカップより手前に
仮のカップを想定する

ツマ先下がり傾斜
実際のカップより左に
仮のカップを想定する

ツマ先上がり傾斜
実際のカップより右に
仮のカップを想定する

カップのまわり8方向から入れる練習でどんな傾斜にも強くなる

上り、下り、右曲がり、左曲がりと、どんな傾斜にも対応するには、カップのまわり8方向から一つのカップを狙う練習がおすすめだ。

ポイント 全方向から何度も打ち
得意と苦手なラインを見つける

苦手なラインは集中的に練習しよう

　傾斜の途中にあるカップを中心に、8個のボールを円状に並べる。ボール位置によって曲がり方や転がり方が違うので、どんな傾斜にも対応できる練習になる。また、繰り返すうちによく入るライン、なかなか入らないラインの差も見えてくる。自分の苦手ラインがわかったら、集中的にそのラインの練習をしてみよう。

レベルアップアドバイス

　最初はカップまで1メートルの場所にボールを置いて練習。8個全部入るようになったら次は1.5メートル、その次は2メートルというように、カップまでの距離を少しずつ離す。離れた距離から入れられる自信をつけよう。

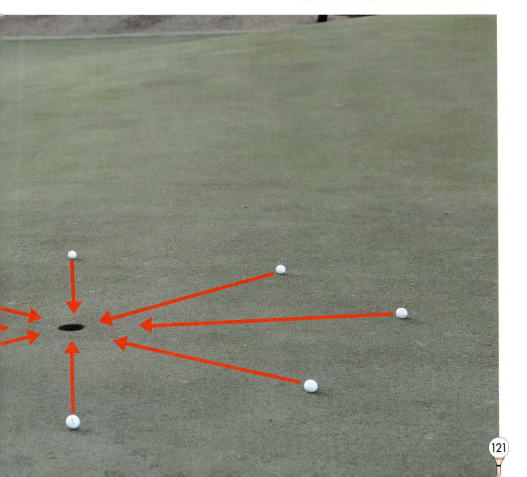

同じラインの3球を打つ練習で、狙ったところに確実に打てるようになる

同じライン上にある、距離の違う3球を近いほうから入れていく。狙った場所に、思い通りの距離感で打っていく練習になる。

ポイント　3球連続で入るまで続ける

3球目

2球目

わかっているラインを確実に入れる

カップから3歩、6歩、9歩の場所に一直線上にボールを置く。近い距離から順に打ち、3球連続で入るまで続ける練習をしてみよう。

近い距離を入れられれば、傾斜の影響を受けてどのぐらいボールが曲がるかという「ライン」がわかる。

2球目、3球目はわかっているラインにきちんと打っていくことを目指す。わかっているラインを狙うことで、イメージした通りのパッティングをする力がついてくる。

ここをチェック!!

パッティングを入れるには距離感も大事

距離ピッタリに打てばカップ2個分右に曲がるラインでも、強ければ曲がらずに真っすぐ抜けてしまうし、弱ければもっと大きく右に曲がる。どのぐらいの強さで打てばどのぐらい曲がるのか、方向とタッチを合わせて考えることも必要だ。

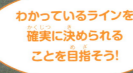

わかっているラインを確実に決められることを目指そう!

1球目

ロングパットは同じ距離を何往復も転がして体に距離感をしみこませる

長い距離を打つロングパットは、距離感を覚えるのが難しい。同じ距離を何度も往復して打つ練習で、体に暗記させよう。

ポイント 何往復もすることで距離感を覚える

①まずは
10歩分の距離を往復する

長い距離は何度も転がして距離感を覚えるのが一番の近道だ!

10歩分、15歩分の距離を何度も往復して打つ

長い距離は、何度も同じ距離を打って、距離感を覚えるのがオススメだ。まずは10歩分の歩幅の距離にティーペッグなど目印を置き、その距離をこちらからあちらに転がす、今度はあちらからこちらに転がすというように何度も往復して打とう。

続いて15歩分の歩幅に距離を伸ばして、同じように往復して打つ。距離が長いからといってインパクトの力加減を強くしたり、ヘッドを動かすスピードを速めたりしないこと。振り幅を大きくして長い距離を転がしていこう。

②続いて15歩分の距離を往復する

ここをチェック!!

距離は歩いて「歩測」で測る

目標までの距離がどのぐらいあるのか目で見た感覚で判断すると、まわりの景色や傾斜によって間違えることも。何歩分の距離があるのか、自分の足で測れば正確な距離がわかる。

おわりに

好きこそものの上手なれ!
ゴルフを好きになろう

ゴルフの練習を1万時間すると、プロゴルファーになれるといわれています。毎日2～3時間練習したとして、10年間かかる計算です。ゴルフを早くから始めたり、毎日5～6時間練習したおかげで、若いうちからプロゴルファーになる人もいます。どんな若いプロゴルファーも1万時間の練習を積んでいます。

「1日1時間の練習を1年間しただけでプロになれた」という人はいないのです。

1万時間をとほうもなく長い時間だと思いますか？　ならば1万時間を短縮しちゃいましょう。どうするか。ゴルフを好きになることです。

イヤなことをしているときはなかなか時計が進まないのに、好きなことをしているときはアッという間に時間が過ぎると感じるはず。ゴルフが大好きになれば、1万時間はアッという間です。

この本ではゴルフを好きになって楽しみながら練習に取り組めるよう、完コピのポイントや素振りのやり方、練習方法、ボールが曲がる仕組みの解説などさまざまな要素を取り入れました。

「好きこそものの上手なれ」ということわざの通り、どれだけゴルフがうまくなれるかは、どれだけゴルフを好きになれるか次第。

みなさんが、ゴルフを大好きになれるよう願っています。

プロゴルフコーチ　井上　透

MODEL

吉沢己咲（よしざわ　みさき）（左）
2005年1月9日生まれ。ゴルフを始めたのは8歳。
2017年IMGA世界ジュニアゴルフ選手権6位タイ
など、日本を代表する選手。

二宮佳音（にのみや　かのん）（右）
2006年12月14日生まれ。2017年IMGA世界
ジュニアゴルフ選手権では4位に。世界で活躍する
ことを目標にゴルフに取り組んでいる。

STAFF

● 著者　　　　　　　　井上　透

企画·編集·制作　　　　スタジオパラム

● Director　　　　　　清水信次
● Editor　　　　　　　及川愛子
　　　　　　　　　　　島上絹子
● Camera　　　　　　姉崎　正
● Illustration　　　　　庄司　猛
● Design & DTP　　　　スタジオパラム
● Special Thanks　　　True Golf academy
　　　　　　　　　　　サンヒルズカントリークラブ
　　　　　　　　　　　パシフィックゴルフマネージメント株式会社
　　　　　　　　　　　ダンロップスポーツ株式会社

小学生のゴルフ プロが教える レベルアップのコツ

2018年5月10日　第1版・第1刷発行

著　者　　井上　透（いのうえ　とおる）
発行者　　メイツ出版株式会社
　　　　　代表者　三渡　治
　　　　　〒102-0093 東京都千代田区平河町一丁目1-8
　　　　　TEL：03-5276-3050（編集・営業）
　　　　　　　　 03-5276-3052（注文専用）
　　　　　FAX：03-5276-3105
印　刷　　三松堂株式会社

ご意見・ご感想はホームページから承っております。
メイツ出版ホームページアドレス　http://www.mates-publishing.co.jp/

編集長:折居かおる　企画担当:堀明研斗